Park jang-hee

시인 박장희

황금 주전자

박장희 시집

황금 주전자

Poetics 시학

■ 시인의 말

나는 이미 시인이다.
나는 마땅히 시인이다.
나는 미래에도 시인이다.
매일 주문을 건다.

인간의 최대 목표는 행복이다.
농부가 농토를 부지런히 경작하여
농작물과 소통하며
행복을 추구하듯
나는 詩밭을 부지런히 경작하여
시와 소통하며
행복하고자 한다.

누군가 이 시집을 읽고
시 한 편이라도 아니 한 행만이라도
가슴에 와 닿아
행복했으면 하는 바람이다.

2010년 8월
박장희

차 례

제1부 공치기

제2부 차 달이는 마음

제3부 잠자는 연

제4부 사랑 그리고 이별

제1부

공치기

공치기

나보다 좀 더 속도가 빠른
그를 따라 달려가느라 언제나 숨이 찼다
언제 그의 바람이 빠져 버릴지
어느 방향 어떤 탄력으로 튈까 늘 조바심했다
잡을 수 없는 그 어떤 곳으로
도망갈까 예감하지 못하고
그를 놓치고 난 후에야
그를 따라다닌 것이
얼마나 어리석은 짓이었던가……
세상에 홀로 남겨진 허탈감이
휘익 내 안을 훑고 지나가면
이것도 삶의 일부라고 끄덕이며 끄덕이며
그의 가속만큼 붙은 탄력을
부둥켜안고 자갈밭을 헤쳐 나간다
비닐봉지로 허공에 걸려 있는 마음 걷고
말끔한 마음으로 돌아오리라
시간이 지나면 내가 경험했던 모든 명멸함
그 속에 깃든 빛과 형편을 읽으리라

공짜 먹기

개똥도 약에 쓰려면 없다고

잠자는 동전이 집에는 한 움큼인데

당장 지갑에 백 원짜리 동전 하나가 없었다.

목욕탕 매점 주인에게

백 원짜리 하나만 빌려 달래려다

슬쩍 만 원짜리를 내밀어 보았다.

'설마 이 돈을 바꿔 주랴, 백 원짜리 동전 한 닢쯤이야 그냥 주겠지'

웬걸!

약속 시간에 쫓겨 머리 드라이할 시간도 부족한데

천 원짜리 아홉 장과 백 원짜리 열 개를 두 손 가득 내주는 것이었다.

겉으론 감사를 표했지만

속으론 중얼거렸다.

'야박하게시리, 동전 한 닢쯤이야 그냥 주면

그 고마움 잊지 않을 텐데

정 떨어지네.'

오히려 내가 더한 게 아니었을까
먼저 음료수라도 한 병 사면서 동전 바꿔 달랠 걸
바쁜 맘에 백 원 이윤으로 열심히 사는 아주머니에게
괜히 야박하다며 탓하다니……
다음 날 어제의 일을 사과하며 음료수 두 병 사서
아줌마 하나 드리고 나 하나 먹었다.
그 다음 날부터 매점의 아줌마 나만 보면
반갑게 인사도 꼬박꼬박이다.
밥 먹다 마주치면 밥까지 먹으라고
손에 숟가락을 들려 주고
커피도 공짜다.
새로 담은 식혜가 맛있다며 그것도 공짜다.
이제 백 원짜리 동전쯤은
거뜬히 공짜다.

봉투

나보다 큰 것은 사양합니다

한 번 봉하면
열구리나 입을 트기 전에는
아무리 목이 쉬도록 사연을 띄워도
속내를 알 수 없습니다
모두 제 짐작대로
사연을 가늠하고
몸무게를 재어 봅니다

뜯어내는 간절함에
세상이 조용해지는 줄 모르고
그동안 입 하나 열어 놓고
자유와 구속으로 표류하면서
차갑고 뜨거운 밤을 보냈습니다

고통의 열기
부르튼 흙물 같은 눈물

삼키면 삼킨 만큼
사랑의 열기
충만하면 충만한 만큼
바람은 빠지고 품이 낙낙한
진실만 곰삭습니다

세종대왕 할머니
— 사행시

세: 세상이 너무나 원망스러웠다
　 학교에 다니지 못해 배우지 못해

종: 종소리만 들려도 학교가 그립고
　 친구가 부러웠다

대: 대견하고 기쁘다 이렇게 글을 쓰니

왕: 왕이 된 기분이 이보다 더 좋을까

도마의 변

칼은 날카로운 각을 세우고
마늘 빻고 무 썰기 위해
맘껏 뛰고 춤추면서 내 위에서 군림한다
두툼한 아픔에도 소리 한 번 크게 지르지 않고
입 다물고 힘을 기르지
칼자루가 빠질 때까지 토막 날 순 없어
어떤 칼부림에도 반목하거나 토라지지 않는다
상처 주면 주는 대로 받아 베이고 깎이며
스스로 둥글게 품이 더욱 넉넉해질 뿐이지

대결이든 협상이든 두터움이 예리함을 이기지
칼은 피부를 할퀴기도 하고
서릿발같이 겉에서 때때로 주먹질해도
속으로 들어와 내면 깊이 상처 줄 순 없지
끝만 날카로운 칼에 비하면
겉과 속이 다르지 않아, 나의 위력은
두터운 나뭇결 탄탄함에 있는 것이지

천만 원의 행복

전화벨이 요란하게 울린다.

자정이 지나서 용감하게 전화할 사람은 그이뿐이다.

"네~예~!"

"차 여사, 차 한 잔 주세요"

"네~, 그런데 영업 마감 시간 지나서 찻값이 좀 비싸 다는 건 아시죠?!"

"예~, 알다마다요. 오늘 찻값은 넉넉히 지불할 테니 차나 맛있게 달여 줍쇼"

아무리 일찍(?) 귀가하는 날도 숙취 해소에

차가 좋다는 걸 몸소 느낀 후부터 그는 꼭 차 마시기를 원한다.

자정 전에 귀가하면 찻값이 무료이나

자정 이후부터는 늦게 오는 벌금 조로

얼마씩 챙겨 주고 받는 것이 즐거운 놀이다.

자정 전에는 여유롭게 만물이 그저 좋기만 하여

기氣가 승한 경지로 차를 마실 수 있지만

그 이후 시간부터는 하나의 일처럼 번거롭다.

단풍 든 얼굴로 샤워하는 동안 은근히 기다려진다.

'도대체 찻값을 얼마나 주려고 넉넉히 준다는 걸까?

더도 말고 덜도 말고 십만 원만 주십사'

차 자리에 앉으며 지갑을 챙겨든 그

"눈 감고 손 내밀어 봐요. 자~~~ 천만 원"

"웬 천만 원?!"

"으~~~! 진짜 천만 원이네"

"ㅎ ㅎ ㅎ 고오맙습니다!"

"찻값으로 천만 원 받아 본 사람 있으면 나와 보라고 그래"

손에 든 천만 원으로 팔을 높이 치켜들고 흔들자 펄럭 펄럭 펄럭

천 원짜리 지폐로 '천' 이란 글자가 보이게 접어서

만 원짜리 지폐 위에 올려 '천만 원' 이란 글자가 조합된 것이다.

'천만 원'

한동안 행복했다.

차례차례

포도주를 따라 놓고
호리병 속의 알맹이를
헐지 않게 쏟아 낸다
술술 잘도 빠져나올 것 같더니
열려 있던 길은 순식간에 막혀 버린다
흔들어 본다
그래도 제대로 빠져나올 줄 모른다
속을 들여다본다
차오르는 꼿꼿한 욕심으로
들어갈 때의 기억을 잊고서
아우성치며 서로 먼저
탈출하고자
몸싸움으로 막혀 버린 것이다

진실과 허위

진실과 허위는 트렁크다
공항 터미널 횡단보도에
여행 채비를 하고 떠날 것인지
여행을 마치고 돌아온 것인지
알 수 없는 트렁크 하나

몸뚱이 전체가 입인 트렁크
지퍼를 내리면
물건 하나하나 한마디씩
똑똑한 어조로 속내를 드러내며
진실을 밝힌다

몸뚱이 전체가 입인 트렁크
지퍼를 올리면
두꺼운 입술 꾹 다문 채
시치미 뚝, 묵묵부답

진실은 허위 안에 있고
허위는 진실을 둘러싸고 있다

명예

명예는 거울이다
말가니 반들반들하여 무엇이든
그 자리에 앉으면 미끄러질 것 같지만
가벼운 먼지가 제일 먼저
소리 소문 없이 뽀얗게 앉는다

호～오
입김만 불어도 흐려지고
손가락 하나만 까딱거려도 얼룩진다
그 얼룩 자칫 잘못 지우다가는
오히려 자국만 더 번져 갈 수도
조그마한 충격에 상처가 되기도
때론 파삭 부서지기도
언제나 조심조심
부지런히 닦고 간수를 잘 해야 한다

작은 거울은
손바닥으로 가리고

품속에 품기라도 하지만
제 몸보다 큰 거울은
무엇으로 가려야 하나?!

연꽃이 피었습니다

어쩔 줄 몰랐습니다. 생각지도 않았는데
꿈같은 연꽃이 우리 집에 피었습니다.
갓 태어난 첫아이를 보듬는 어미처럼 흥분했습니다.
해가 깨어날 때 눈부시던 보석같이 잠시 뿌듯하더니
기쁨으로 충만해야 할 가슴이
누군가 다시 가져가 버릴까 봐
조마조마 염려스럽고 두려웠습니다.
풍진의 뜰에서 굳건하게 향기로운 목숨[戒香充滿]*
뿜은 기억도
오염된 물 청정하게[本體淸淨]** 건너 본 적도 없으니
금방 조각날 꽃잎 같아 전전긍긍했습니다.
그랬습니다.

---

* 계향충만戒香充滿: 연꽃이 피면 물속에 시궁창 냄새는 사라지고 향기가 연못에 가득해진다. 한 사람의 인간애가 사회를 훈훈하게 만들기도 한다. 고결한 인품은 그윽한 향을 품어서 사회를 정화시킨다.

**본체청정本體淸淨: 연꽃은 어떤 곳에 있어도 푸르고 맑은 잎을 유지한다. 오염된 물에 줄기와 잎이 몸을 담그고 있어도 청정함을 잃지 않는다.

자신을 진흙탕에 아낌없이 뿌리박고 오염된 물도 마다 않고

연꽃을 피운 것은 내가 아니라 그녀였습니다.

한 번도 투덜거리지 않고 큰물도 혼자 정화[博施濟衆]***하여

연꽃을 피우느라[成熟淸淨]**** 속내가 무너지는 줄도 몰랐습니다.

암으로 입원할 예정이라기에 며칠만이라도 간병하겠노라고

남편에게 말 한마디 전했을 뿐

서울서 수술하게 되어 간병은 고사하고 병문안도 못 했는데

*** 박시제중博施濟衆: 내가 싫은 것은 남에게 하지 않고 내가 바라는 것은 남에게 하는 것, 널리 은혜를 베풀어서 뭇사람을 구제하는 것.

****성숙청정成熟淸淨: 색깔이 곱게 활짝 핀 연꽃을 보면 마음과 몸이 맑아지고 포근함을 느낀다. 연꽃처럼 활짝 핀 듯한 성숙감을 느낄 수 있는 인품의 소유자. 이런 분들과 대하면 은연중에 눈이 열리고 마음이 맑아진다.

말만이라도 진정 고맙다며 크리스털 연꽃을 보내왔습니다.

그녀가 희생의 변증법으로 피어나 우리 집에 온 것입니다.

연꽃을 바라보며 하루빨리 예전처럼

온화한 미소로 화평할 수 있도록 두 손 모읍니다.

나도 덩달아 빙그레 웃게 되기를[面相喜怡]***** 두 손 모읍니다.

*****면상희이面相喜怡: 연꽃의 모양은 둥글고 원만하여 보고 있으면 마음이 절로 온화해지고 마음이 화평해진다.

걸레가 되고자

걸레는 걸레다
걸레는 더러운 것이다
자신이 더러워지면서 그 주위가
깨끗할 수 있게
더러워지기를 기꺼이
주저하지 않아야 한다

자신의 깨끗함과 고고함이
주위를 깨끗하고 고고하게 만들지는 않는다
자신의 깨끗함과 고고함 자체가
주위의 더러움을 포용할 수 있어야 한다*

걸레가 되는 것이 쉬운 일 같지만
결코 쉬운 일이 아니다
손아귀에서 크게 논다든지
고개 뻣뻣하게 치켜들고
수그리지 않는 걸레는
그 누구도 거들떠보지 않는다

---

* 김용옥, 『노자와 21세기』(下) 부분.

교만

모기 한 마리

몇 날 며칠 사자 콧등을 물고

도망가기를 수차례

화가 난 사자

모기 잡으려 온몸을 이리저리 허둥대다가

제풀에 몸이 달아 지쳐 쓰러져 죽었다

모기는

"내가 동물의 왕 사자를 이겼다!"

두 팔을 양껏 벌리고 만세 부르며

하늘 찌를 듯 날아가다가

그만 거미줄에 걸려 숨이 끊겼다

이루게 하소서

성장의 기쁨으로 오늘
촛불 밝힌 화혼의 언약
신랑 ○○○ 군과 신부 ○○○ 양은
축복하여 주신 인연으로
거룩한 사랑
이루게 하소서

아늑한 자연의 숨결
은은히 멀리 퍼지는
라일락 향기처럼
향기로운 삶
이루게 하소서

서로 가까이하면 할수록
몸과 맘 얼이 열리고 밝아져
절로 온화하고 화평함
이루게 하시고

실수와 잘못도 쉽게 실망하지 아니하며
정성스런 사랑과 믿음의
씨앗 뿌려 알차고 풍성한
복덕福德의 열매로
세상을 환히 비추게 하소서

보이지 않는 코르셋

꽉 조인 하루로 긴장하며
맘껏 먹고는
살찌는 것이 두려워
화장실 변기를 부여안고
목청껏 소리 지르며 블루스를 춰야 해
체지방과 쑤욱 비어져 나오는 물컹한 뱃살을
코르셋에 터질 듯 구겨 넣지 않으려면
쨍쨍 다이어트로 체중 조절해야 해
편식과 과식에 소화불량으로
인스턴트식품의 풍요 속
아찔한 허기를 느껴야 해
더욱 예뻐지기 위해
충만한 얼굴이 되고자 심각한 얼굴로
코를 세우고 줄이고 뜨개질처럼
여기저기 성형뜨기를 해야 해
얼을 고치면 두려움 없이 지혜가 늘어나고
굴을 고치면 두려움 일며 재물이 줄어들어도
겉모습 굴이 자존심을 치켜세워

얼은 무더운 여름밤 지친 공기가 되어도
굴을 고치려 이 병원 저 병원 들랑날랑해야 해
사랑을 위해
성공을 위해
행복을 위해
돈 벌어야 하는 열망이 팽배해
부정하지도 분출하지도 못하는
보이지 않는 코르셋에 옥죄어 사는
현대판 여성 전천후 전사라야 해

빈손이 무거워

빈손이 왜 그리 무거운지

줄다리기 시합에
쥐고 있는 장갑 낀 손을 보고
낯선 이가 장갑을 빌리러 왔다
이름도 몰라
연락처도 몰라
머뭇머뭇 주저주저하며
벗어 주고 나니
왠지 찜찜해

'상한 갈대도 주인은 다 쓸모가 있는 법'
'설마 돌려주겠지'
말의 말머리를 알아 말을 붙이고
일의 일머리를 알아 장갑을 빌려 간 그
말의 말머리와 일의 일머리가 있으면
마무리가 있거늘

줄다리기가 끝나고
체육대회가 끝나고
흩어지는 인파 속에
빈손이 무거워
운동장의 나무들만 멍하니 바라봤다

두레박

짧은 심지 타들어 가는 목마름이지만
우물을 들고 마실 순 없는 법
줄 따라 내리달리며 호흡을 가다듬는다
어깨를 함부로 우쭐대면서는
제대로 목적을 달성할 수가 없다
내려갔다가 애써 올라올 줄 알고
올라왔다가 다시 내려갈 줄 아는 지혜로
어둠 몇 길 따라 까마득히 낙하해
차갑게 전신을 담가야
가득한 사랑을 되받을 수 있다
여기저기 벽에 부딪쳐 멍들고 눈물 흘리지만
아프다 투덜대지 않고
목마른 자나 더럽혀진 자를 위해
자신을 완전히 비워 버려야 하는 것을
미련 없이 뒤돌아보지 않고
부지런히 떠나
비우고 낮아져야만
퍼 올릴 수 있는 생명인 것을

제2부

차 달이는 마음

얼음 이야기

어미가 꿈에 서릿발을 보고
임신하여 태어났네.
온몸이 투명하고
청결한 의지나 냉철한 얼굴 등이
범하기 어렵네.
먹지 않아도 배고프지 않으며
목욕을 하지 않아도 때 묻지 않네.
피부를 뚫는 투명은 숨김이 없으려고
갑자기 물로 변하는 것 의아해하지 말 것이네.
무상無常을 보이는 것에
진상眞常이 있는 법이네.*

* 1229년경 고려 중기 혜심慧諶의 『빙도자전氷道者傳』부분.

꽃들의 전쟁 光

— 화투 光

光이 우리의 눈을 어둡게 한다
光이 우리를 근시로 만들어
바로 눈앞에 펼쳐진 세상만
즐겁게 화나게
버리고 먹고
먼 데를 바라볼 수 없게 한다
자석처럼 빨아들였다가
제멋대로 뿜어내는 光
빠져드는가, 돈에
불안에 짜증에
흥분에 오락에
빠져드는 맛을 제대로 알려면
꽃들의 전쟁에서 승리하는 것이 아니라
Go 바가지를 함빡 써 봐야 안다
Go에 들썩이는 몸
안달복달 나부끼는 맘
지피지기知彼知己면 백전불태百戰不殆
열 받으면 백전백패百戰百敗!

光에 사로잡히지 말 것이다
현상이 아닌 그 너머 바탕을 볼 것이다
光이 우리의 눈을 어둡게 한다

길 만들기

길을 길이라 함은 이미 그것은 길이 아니리라*
길은 수없이 많아도 사람이 모여 사는 곳에는
늘 길이 만들어지는 법
새로운 길 만드는 데 급급한 나머지
어떤 이는 안내문이나 사과문 한마디 없이
얼마나 많은 소음과 먼지를 일으키는지 모른다
길을 바로 몇 미터 옆에다 두고 또 길을 낸다고
온 동네를 시끄럽게 울리는데,
실패의 연속에서 성공의 큰길 낼 땐 더욱
오랫동안 시끄러운 법
파헤친 상처마다 새 길 닦이면
얼마나 편리할지 모르지만
당장은 소음과 먼지로 피해 보고 싶지 않은 것을

큰길도 못 내면서 선부른 판단과 시행착오로
오랫동안 주위를 시끄럽게 하지는 않았는지

---

* 노자, 『도덕경』 1장, "道可道 非常道".

소음과 먼지의 스트레스를 묵묵히 지켜 낸
가까운 사람에게라도
사과나 감사를 드린 적 있는지
누군가 미리 닦아 놓은 길
잘 다니면서 고마움 느껴 본 적 있는지

고목에 꽃 피우기

집 안에 꽃은 이미 피어 있었습니다.
열매가 열리지 않는 묵밭의 주인을 만나
여고 졸업과 동시에 살어둠 깃든 단칸방에서
알토란 같은 아들 · 딸 올망졸망 낳고 살았습니다.
하지만 허한 마음, 언제나 남의 농사짓는 것만 같았습니다.
닥치는 운명 거역하고 돌아서기도 어려워
국어 시간만 되면 가슴을 프리즘으로 무지개 피운 원죄로
웨딩드레스 한 번 못 입고
혼인신고 한 번 못해 서러운 가슴으로
머리엔 서리가 허옇게 피었습니다.

국어 선생님, 전처 녹아드는 촛불로 소멸되고
산란하던 마음 황토로 가라앉고 고희가 가까워 오던 어느 날
은빛대학에서 "당신 때문에 산다"며 애걸복걸하는
상처喪妻한 망구望九 오빠를 만났습니다.

입술이 만나고 그 안에서 혀가 구른 뒤
밤낮으로 주문하던 신음 소리 같이 터져 나온 말
"웨딩드레스 입혀 주세요"

꿈에도 그리던 웨딩드레스에 연미복 입은 망구 오빠와
자식들 몰래 웨딩 사진 번쩍번쩍 찍었습니다.
새살림 차려 벽마다 대형 사진 도배해 놓고 알콩달콩하던
그해 겨울 망구 오빠 그만 병원 신세를 졌습니다.
지극정성 간호하던 날 재산 분할 문제로 자식들 성화에 못 이겨
"할멈은 누구요?"
일부러 치매인 척 휜소리 연기를 했습니다.
자식들 없을 땐 두 손 마주 잡고 뜨거운 눈물 뚝뚝 흘리며
"미안해요 미~안~"
웨딩 사진 찍기가 이별의 의식이었던가?

간절히 꽃 피우나 했던 고목古木, 그만 새까만 고목枯木이 되었습니다.

완두 콩깍지
— 부모

콩깍지는 수확하고 나면 버려져
아궁이에 불을 때고 마는 것이지마는
씨앗이요 열매인 콩 알맹이는 콩깍지가 없으면
애초에 생겨날 수도 없고 클 수도 없고
익을 수도 거둘 수도 없는 것이다.
깍지는 허울이요, 외피요, 형식인 것이 분명하지만
그것이 실해야만 그곳에서 실한 콩을 살찌울 수 있는 것이다.
벌레 먹고 썩은 깍지가 어떻게 탐스러운 콩을 보호할 수가 있겠는가?
거기다가 하물며 아예 생겨나지도 않은
혹은 없는 깍지라면 콩 또한 어디에 꼬투리를 기대고 태반을 삼아?
눈[芽] 붙일 자리조차 아예 없는 것이지.*

---

* 최명희, 『혼불』4, 부분.

꽃잎 지는 자리

피우기 전엔
그렇게나 피우고자 한이었는데
피우자 어이하여
그리 쉬이 지느뇨
숨겨 둔 화무십일홍花無十日紅*이
못내 다시 피어납니다

나부끼던 정오의 햇살
나무꼭대기 위에서 온 누리 비추며
우람하던 그 모습
어느새 석양이 되어
고목에 걸립니다

머무는 것은 한순간일 뿐이라고
목숨 꾸며 온

* 열흘 붉은 꽃은 없다는 뜻으로 한번 성한 것은 얼마 못 가서 반드시 뒤에 쇠한다는 의미임.

절정의 고독이
날개도 없이 날개도 없이
떨어집니다

머무는 것은 한순간일 뿐이라고
목숨 꾸며 온
절정의 집착이
그림자도 없이 그림자도 없이
사라집니다

머무는 것은 한순간일 뿐이라고
목숨 꾸며 온
절정의 시름이
소리도 없이 소리도 없이
무너집니다

사과 상자

낱개 하나씩 포장하여
적당한 간격 유지로 상처 하나 없이
백화점에서 배달된 사과 상자
폼 좋고 매끄러운 피부를 가졌지만
실속 없이 몇 개 되지도 않고
이웃끼리 서먹서먹한 사이처럼 속이 희멀거니
입안에서 서걱거리는 백화점 사과

서로 몸과 맘을 아끼지 않아 살점이 맞닿아
자신도 모르게 상처를 주고받으며
산지에서 배달된 사과 상자
폼은 그저 그렇고 꺼칠한 피부를 가졌지만
이웃끼리 정이 담뿍한 알찬 사이처럼
속에 꿀이 박혀 입안에서 아삭거리는 산지 사과

가까우면 가까울수록 더욱 정다워지는 줄 알고
내 맘이 내 맘이고 네 맘이 내 맘인 줄 알고
서로 부딪쳐 번지며 깊어 가는 상처가 되는 줄

모르고

상대방이 상처를 주는 것이라 투덜거렸다
내게만 상처 나고 아픈 줄 알았지
네게도 상처 난 줄은 꿈에도 모르고
서로의 포장과 간격 유지 없이 이마 맞대고
살 비벼야 더욱 정답고 알찬 삶인 줄 알고

대나무에겐 배후가 있다

비바람 치고 폭풍우 불면
꺾일 듯 꺾일 듯
쓰러질 듯 쓰러질 듯
함부로 꺾이거나 쓰러지지 않는다
자신을 욕심으로 채우지 않고
속을 비우고 살기 때문이네

대나무는
높고 낮음, 길고 짧은 실상을 알아
곧게 위로 뻗은 가지와
아래로 드리우는 잎이
서로 옳다고 다투거나 잘난 체 않으므로
푸른 힘의 품위가 더욱 당당하네

굽어야 곧아지고 둥글어져 옹그니
더 멀리 보려고 곧게 오르고
더 자세히 보려고
곡선으로 자신을 수그리며

마디를 만들어 가네

마디는
청청하게 살기 위해서
쉬면서 과거를 정리하고
참고 기다리며
미래를 생각하며
돌아가며 구부릴 줄 아는 지혜를 가졌네

놀러 오세요, 태화강 대공원으로

사랑하시려거든 태화강으로 오세요
강물 위로 수놓는 무지갯살 십리대밭교
오고 가는 발걸음에 님의 말씀 들려
마음까지 찬란히 물드는 등불의 다리
아름드리 느티나무 아래 오붓이 묻히며
웃음도 눈물도 함께 나누시려거든

건강하시려거든 태화강으로 오세요
서로의 기운을 끌어 주고 밀어 주는 실개천 징검다리
피로에 지친 찌뿌듯한 하루 손상된 피부
십리대밭 청정한 음이온 바람결에 시원하게 샤워하고
투명한 피부 싱싱한 활기로
뛰노는 물고기처럼 날듯이 온몸이 가벼우시려거든

행복하시려거든 태화강으로 오세요
구부러진 맘 흐르는 강물로 후련하게 풀고
따뜻한 차 한잔에 무슨 사연이든 보듬어
강보가 되는 태화강 전망대

둔치마다 푸른 숨 철따라 아기자기 꽃구름
몸속까지 훤히 밝혀 절로 콧노래 부르시려거든

삼포로 가는 길에

길길이 누운 황토 속으로
휘몰아치는 중모리 장단
요령잡이 만가輓歌로
그의 생은
서쪽 하늘에 걸린 구름 한 조각
석양에 물들어
펄럭이는 만장輓章

생전에 부모 모신
가방끈 짧은 막내
상여를 가슴 문지르듯
통곡으로 앞서 가네

생전에 부모 모시기를
거부했던 형제자매
문상객과 부조금
새끼줄에 너풀거리는
돈닢으로 앞서 가면

주위의 시선들
새끼줄로 효자 매김질 하네

꽃상여로 회심곡回心曲 메기는데
산란한 상주喪主 마음 나 몰라라
펄럭이는 돈닢만큼
가벼웠다 무거웠다
앞으로 제자리로
주춤거리는 상여꾼

상속의 소용돌이는 잠시 초월하자고
어젯밤 밤새워 타래 지어 놓았건만
서로 굴리는 통박의 형제자매
줄떼통곡은
빈 상여 뒤따라 하산한 다음부터다

빨래하는 여인들
— 박수근의 〈빨래터〉*를 보고

색깔 있는 무명옷이든 아니든
양말이든 속옷이든 겉옷이든
시부모 · 시동생 · 시누이
남편 · 아들 · 딸 할 것 없이
빨랫감은 한통속이다

~로부터의 자유
한통속의 사랑과 미움 설움
하나씩 꺼내어
빨랫돌에 얹어 놓고
두들기는 방망이에
엉켜 있던 시집살이 갖은 사연
계층도 무늬도 색깔도 선線도 없이

---

* 박수근(1914~1965)이 1950년대 후반에 제작한 것으로 추정되는 37×72센티 크기(20호)의 유화. 가로로 긴 화면에 흰색과 분홍 · 노랑 · 민트색 등 다채로운 색상의 저고리를 입은 6명의 여인이 냇가에서 빨래를 하는 옆모습을 담았다. 2007년 5월 22일 45억 2천만 원에 낙찰돼 국내 미술품 경매사상 최고가를 기록했다.

비누거품처럼 몸을 풀어
냇물 따라 흘러간다

손발이 시리고 팔다리 저리며
허리가 아파도
미운 마음 설운 마음
푸는 마음 삭이는 마음
빨래 따라 들썩들썩 엉덩이 따라 들썩들썩
왔다리 갔다리
결국은 제자리 다잡은 시집살이

벚꽃

샹들리에

불빛 아래

모여드는

나비들의

한창

눈부신

속살

석류

가을 따라 한창 툭툭 불거진 사랑

겉 다르고
속 다르지 않아
꽃도 붉어
껍질도 붉어
알맹이도 붉어
잘 익은 달콤한 사랑

꽃망울 피울 때 봉긋한 사랑
알맹이 여물 때 유리알 사랑
열매 익을 때 금주머니 사랑
알알이 차오른 근육질 사랑
속속들이 여문 진실한 사랑
홍보석으로 익어 간 다복한 사랑

하늘이 발그레 익어 간 사랑

차 달이는 마음

찻물 데워 다기를 헹구면
찌든 가슴 씻어 내리고
온화하게 덥혀지는 마음
달빛을 마신 듯 산빛을 마신 듯
세상은 찻빛으로 맑아지는구나

아름다움은 꾸밈에서 나오는 것이 아니라
차와 맑은 영혼 다관에 넣으니
의지가 불꽃으로 피어나고
정성스런 마음 숙우熟盂에 부으니
아름다움 보석으로 꿰어지고
고집멸도 진리 찻잔에 따르니
얼나[靈我]
그윽한 자태 우러나는구나

무심타 무심타
정중동靜中動 예열하는 찻잔에
차가움과 뜨거움 멀고먼 거리가

서로를 조금씩 내어 주고 받아들이며
어느새 한 몸 되는구나
차를 달이며 차를 마시며
다도 삼매에 들면
욕심과 분노 어리석음 녹아내리고
찻잔에 어리는 찻물은
빙그레 지혜로 반기는구나

불안의 꽃

중양절重陽節에 국화주를 마시면 무병장수한다는 국화 화분을 뜰 여기저기 둔 덕에 위풍당당한 선비와 한철 교유하듯 지난 가을을 흐뭇하게 보냈다. 언제 겨울잠을 자고 다시 새싹 틔웠는지 몰라. 때 되면 잎이 피기 마련인데 유독 도드라지게 눈에 띄는 화분 하나. 5월 햇살에 처음 들킨 아름다움, 함초롬히 핀 꽃술.

그곳은 유난히 햇볕과 바람이 잘 통하는 자리였다. 가을 국화꽃처럼 당당함과 고상함은 느낄 수 없었지만, 나름대로 은근한 향기와 앙증스러운 자태는 혼자 맞이하기 아까워. 꽃을 처음 본 순간의 희열과 설렘은 어느새 몰래 지는 석양처럼 애잔한 노을에 덜컥 반사된다.

과잉보호와 조기 교육의 결실일까. 세 살 때 신동이 어른까지 두각을 유지하기 힘들 듯 한순간 반짝하다 사그라질 찬란한 슬픔. 10월에 맞아야 할 풍상風霜 5월 바람 끝에 주저앉는다.

제3부

잠자는 연

가을 투정

뭉게구름 함께 걷는 산길

그늘진 골짜기에

바람이 저물도록 절벽을 타고

낙엽은 소리 죽여 붉게 밟히네

다복다복 쌓은 정은

느닷없이 속이 비었다고

매달린 풍경처럼

바람 불자 소리 내어 함께 우는 가슴

물방울

비 오는 날 처마 아래
댓돌에서 모양도 없이 깨어지며
가볍게 튀어 오른다고 했지
두꺼운 얼음장 부서지듯 뼈의 얼개가 어그러져
온몸이 들쑤시는 고통을 이겨 내며
우리는 무조건 뭉쳤지

나보다 낫다고 우쭐대던 것
우리보다 몸집이 더 크다고 폼 잡던 것
나보다 무게가 더 있던 것
우리와 달랐던 것
하나같이 슬그머니 주저앉고
스스로 바다에 이른 것은 우리뿐이었어*

우리는 진땀 한없이 굴리고
도도滔滔하게 흐르며

---

* 윤구명, 『모래알의 사랑』 부분.

아슬아슬한 고비를 수없이 넘겼지
때론 무도병자로 춤추면서
중심을 잃지 않으려고 남상남상
자신을 버리고 어울렸지

만어사* 돌너덜

비 오는 날
누웠다 일어났다 누웠다 일어났다를
수없이 반복하다 어떻게 광명의 새 세상 찾을까
고민하는 동해의 수만 마리 물고기
궁리궁리 끝에 비로소
부처님 제자 되고자
절[寺]로 갔다네
서로 먼저 미륵불 뵈러 진입하고자 몸싸움하는데
어느새 비가 그쳐
산비탈 뱀처럼 이리저리 뒹굴다가
절로 튀어 오르지도
바다로 다시 틈벙 뛰어들지도 못해
그만 그 자리에 멈추어 버렸다네

수행에 게으른 물고기
아직도 억겁의 번뇌로

---

* 만어사: 경남 밀양시 삼랑진읍 용전리 만어산萬魚山에 있는 사찰.

탐진치探瞋癡를 빠져나오지 못해
아무리 돌무덤 여기저기를 두들겨도 둔탁한 소리
두 눈 맑게 내리깔고
오랜 세월 참선한 물고기
당당한 잘못 불현듯 깨달아
누가 어디를 두들겨도
억겁의 무명無明이 삭아진
청아한 맑은 소리

판테온Pantheon* 사랑

우주를 개업하는 자궁이다
우주를 폐업하는 무덤이다

여기에 발을 디딘 사람
여기에 발을 묻은 사람
65억 인구 중 한 명뿐인
엄청난 비율을 뚫고 태어난
로또 복권 당첨보다도
더 큰 행운이다
축복이다

---

* 이탈리아 고대 로마시대의 유적 중에서도 원형을 유지하고 있는 대표적 건축물. 판테온의 Pan은 '전부', Theon은 '신' 이란 뜻으로 로마의 모든 신에게 봉헌하기 위하여 기원전 25년에서 기원전 17년 사이에 건립한 신전이다. 판테온은 역사적인 인물들의 묘소로 사용되고 있다. 통일 이탈리아 왕국의 초대 왕을 비롯해 1520년 37세로 요절한 르네상스의 천재 예술가 '라파엘로' 의 묘소도 이곳에 있다. 현재는 성당으로 사용하고 있다. 판테온은 천장 높이 43.2미터로 정상에 뚫린 지름 9미터의 구멍(오쿨루스, Oculus)을 중심으로 천장의 격자는 다섯 열의 동심원을 이루고 있다. 또 각 열마다 28개의 격자가 있는데 이것은 달의 공전주기 즉, 음력의 한 달인 28일을 의미하는 것으로 보인다.

눈앞의 공간도
눈 위의 공간도
눈에 보이지 않는 공간도
비어 있는 내부 모든 공간도
하늘의 눈을 떠받치며
유전자 부호가 하나의 오차도 없이
세포가 일어나는
빅뱅Big Bang**이다
하늘이 쓰러지는 뇌출혈과
하늘을 지우는 빗물
그 끝을 빨아들이는
블랙홀Back Hole이다

** 1948년 조지 가모프George Gamow(1904~1968)가 발표한 우주 탄생의 빅뱅이론에 따르면, 우주의 모든 원소는 시간이 갈수록 점점 무거운 원소로 변화해 가다가 일정 질량이 되면 블랙홀이 되어 모든 것을 빨아들이게 되는데, 거기서는 빛조차 흡수해 버리므로 혼돈 광막한 카오스Chaos 상태가 된다고 한다. 그 블랙홀에 흡수된 모든 에너지는 일정 기간이 지나면 다시 일시에 방출되면서 폭발하여 새로운 빅뱅이 일어나 새 우주가 탄생된다.

잠자는 연蓮
— 수련

잠자코 잠자코 있을래요

누가 시비 걸고 훼방해도 잠자코 있을래요
욕되고 힘들어도 잘잘못을 가리지 않을래요
흰소리 늘어놓아도 잠자코 있을래요
단단한 돌을 던져도 잠자코 있을래요
아프다고 억울함을 밝히며
상대를 나무라거나 원망하지 않을래요
억울함을 밝히면 원망하는 마음 일게 하니까요
수행하는 데 마魔 끼지 않기를 바라지 않을래요
마魔가 없으면 소원의 맹세가 굳건해지지 못하니까요
누가 유혹해도 잠자코 있을래요
애욕과 물욕에 흔들리며 휘말리지 않을래요
감히 칭찬 받아도 잠자코 있을래요
누구의 말도 겸허히 귀 기울이며
교만하지 않을래요
깨어날 그날은 올 테니까요

풍선 일기

행여 누가 자루목이라도 풀까 봐
불안에 휩싸여
여기저기 떠돌아다니다 갑자기
밖의 허공이 궁금하다
숨 모으고 살그미 바늘구멍을 뚫는 순간
“펑”
불안不安과
불안佛眼이
찰나에 터진다

선바위*

태화강 물속 빼어난 군자여
뭇 사람들은 강을 왕래하며 타협하지만
속세와 인연 끊어진 백룡담白龍潭 한가운데
바위가 되어서
승려의 의로운 계율 두 손 모으고
처녀의 숭고한 정절 기도하는 기품이여

강바닥 돌을 굴려 경쇠 소리 울리든
물결 휘감아 법고를 때리든

---

* 울산 언양 24번 국도 범서 삼거리에서 우회전하여 봉계 방면 1025번 지방도로를 따라 1.5킬로를 내려가면 나오는 바위다. 바위의 크기는 높이 약 30미터, 둘레 약 40미터이며 꼭대기는 3봉을 이루고 물 가운데 홀로 서 있다. 옛날 이 마을에 예쁜 처녀가 있어 마을 총각들이 연모하였으나 그녀는 거들떠보지도 않았다. 하루는 중이 시주를 받으러 마을에 내려왔다가 그만 그녀에게 반했다. 이튿날 아침 중은 그 처녀가 빨래하러 냇가로 나가자 뒤따라갔다. 그때 태화강 상류에서 우뚝 선 큰 바위 하나가 유유히 떠내려 왔다. 처녀가 '어머나 이상도 해라, 바위도 장가가나' 하는 순간, 그 바위가 처녀에게로 들이닥쳤다. 이 광경을 목격한 중은 재빨리 뛰어가서 그 처녀를 구하려다가 둘이 함께 그 밑에 깔리고, 바위는 그 위에 멈춰 서고 말았다. 그 뒤로 날이 궂으면 강 아래쪽에서 원혼이 슬피 운다는 전설이 있다.

원망하거나 시비하지 않아
오직 근본을 좇아
자신과 싸워 이기려 힘쓰는 군자라
그림자마저 아름다워 노을도 거꾸로 서 있네

마돈나
— 제르망 필롱의 〈고통 받는 성모마리아〉를 보고

경黥*친 것도 아닌데
얼굴을 들 수가 없어요
마음 놓을 수 없어
눈을 뗄 수가 없어요
두 팔 벌리고 두 손
가슴에서 뗄 수가 없어요
무릎 세우고 일어설 수가 없어요
아기 예수 잉태의 비밀
마음 밖에서 보이는 마음 한 자락

하늘의 두루마리
자궁에 밀어 넣어
한 몸을 또 다른 한 몸으로 받고 주기에
남몰래 빚은 사랑
탯줄에 떨어질 못 박힌
시소의 주인 되어

---

* 죄인의 이마에 먹물을 들이는 형벌.

양 끝에 평화와 칼** 하나의

은총으로 자라나요

** 『성경』에 "내가 세상에 평화를 주러 왔다고 생각하지 마라. 평화가 아니라 칼을 주러 왔다"(마태복음 10장 34절)는 구절이 있다. 이는 집착을 끊는 순간 평화가 쏟아진다는 것을 의미한다.

월출산의 달

월출산의 달이 아름다운 까닭은
미운 정 고운 정 바위마다
님의 얼굴 두근두근 너울너울
비춰 내기 때문이요

월출산의 달이 아름다운 까닭은
빗소리 눈소리 바위마다
설레는 맘 는실난실 담방담방
그려 내기 때문이요

월출산의 달이 아름다운 까닭은
가뭇한 침묵을 바위마다
옛이야기 자근자근 오순도순
새겨 내기 때문이요

월출산의 달이 아름다운 까닭은
묵직한 넉가래 바위마다
넉넉함을 작신작신 서리서리

풀어내기 때문이요

월출산의 달이 아름다운 까닭은
노을강 바람결 바위마다
고향의 문 두런두런 벙실벙실
열어 놓기 때문이라오

부석사 선묘善妙

당신은
사과 꽃 같은 소박한 얼굴
늘씬하고 수려한 자태
절 입구의 당간지주 모습이겠지요

당신은
배흘림기둥 같은 배포로
바위를 날려 도둑을 몰아낸 것이겠지요

처음엔 제대로 보여 주지 않다가
안으로 깊이 들어갈수록
그 멋이 일품인 점입가경漸入佳境 절[寺]처럼
님에 대한 사랑도 그런 것이겠지요

못 다한 사랑
님 떠난 부두에 화엄바다로
부석浮石처럼 몸을 날려
님 곁에 용龍으로

무량수無量壽한 것이겠지요

여의주如意珠 목에 걸고
오늘도 법구法句 사물四物*로
생명을 예불한다지요

* 법고法鼓 · 목어木魚 · 운판雲版 · 범종梵鐘.

버스 안의 이분법二分法

한 버스 안에서
한편은 더워서 옷을 훌훌 벗어던지고
한편은 추워서 옷을 꽁꽁 여미는

"춤추는 함경도 트위스트"로
서울서 울산까지 교통체증으로
관광버스 안에서 장장 8시간
커튼 꼭꼭 드리우고
잇비* 볼륨으로
모세혈관이 부풀어 오르고
고막이 터지도록
때리는 음향

거나하게 취해 홍취로 덥혀져
유희하는 자는
겨울 날씨에

* 가쁘게, 피곤하게.

에어컨 틀어 놓고
덥다고 옷을 훌훌 벗어 던지고

유흥에 취미 없거나
피곤해 잠이나 자려는 자에게는
추워서 옷을 꽁꽁 여미는
더없는 고통과 한기를 끌어안고

융프라우Jungfrau*

폭포를 먹고 물레질로
명주를 뽑어 놓았나
강물을 먹고 물레질로
명주를 뽑어 놓았나

'명주옷은 사촌까지 덥다' 더니
얼마나 많은 폭포와 강물을 먹고
명주를 뽑어 놓았기에
그 열기로 세계인을 불러 모으는가?!

명주옷에 백발의 우람한 풍채로
군자불기君子不器*라

---

* 스위스 베른 주 남동부, 베르너알프스의 핀슈테라르 산군에 속하는 산. 높이 4,158미터로 여름에도 눈을 볼 수 있는 만년설이 있다. 1896년~1912년에 철도가 건설되었는데 최대 경사도 25도의 아프트 식 철도로, 9.3킬로이며 오르는 데 50분이 걸린다. 융프라우란 '처녀' 라는 뜻이며 인터라켄의 아우구스티누스 수녀에게 경의를 표하기 위하여 붙인 이름이다.

** 군자는 그릇이 되어서는 안 된다. 즉 덕을 갖춘 군자는 한 가지 쓰임에만 쓰이는 일예일기一藝 一技의 재주만 능하고 다른 일에는 쓸모없는 위인이 되어서는 안 된다는 뜻.

거처에 편안함을 구하지 않아
어디든 주저하지 않네

하늘의 뜻이라 거절도 못하여
소리 없이 쌓인 부귀공명
언젠가 저승 갈 땐
보시의 우렁찬 목소리
간 곳을 모르게
부처 죽음 하리라

파르테논 신전* 앞에서

하늘에서 땅으로 끌어내린
소크라테스 철학이
"너 자신을 알라"고
영겁을 넘나들어
지중해를 건너 동방의 나라
나에게까지 왔건만
아직도 나 자신을 제대로 몰라

아테네의 수호신에게
신이 내리실 벌이 있으시다면
하루빨리 고통을 주시옵고
그대가 내뿜는 중정의 균형미로
지혜와 자비로움
내 속에서도 뿜어 나와

---

* 유네스코가 지정한 세계문화유산 제1호. 그리스 아테네 아크로폴리스에 있다. 지혜의 신이자 아테네의 수호신이기도 한 아테네 여신을 모시던 곳이다. 장장 15년이나 걸려 기원전 438년에 완공했다.

올리브 열매처럼
인간에게 유용한 기름이 되게 해달라고

황금 주전자 · I

속 비우고
엎어져
거꾸로 매달리길
잘했다 잘했어

닫혔다 열렸다 할 일 없고
이리저리 돌리고 돌 일 없고
더 이상 쭈그러질 일 없고
출렁출렁 쏟아질 일 없고
이 손 저 손 손때 묻을 일 없고
더 이상 담아 놓고 혼자 속 끓일 일 없고

할 일은 오직
이것저것 모두 다 잊고
어제도 오늘도 내일도
모두모두 쏟아 내고
비우고 엎어져
거꾸로 매달리는 것이었다

그때

오늘과 내일이 손잡고

비운 속으로 미래의 충만이

우우 차오르는 것이었다

황금 주전자 · II
— 주점에 매달린 주전자를 보고

얼굴은 주인에게 저당 잡히고
불면의 밤을 보내야 했다
밤마다 술 취한 손님
목에 빨대 꽂아 내뱉는 소리에
얼굴 없는 짧은 목
더욱 짧아 자라목 되고
밤낮없이 지나가는 자동차 클랙슨 소음에
경기驚起하고
비바람 더 이상 피할 곳 없는 처마 밑에서
온몸 오들오들 떨며
속에 천불로
씩씩거리며 몇 날 며칠을

죽는 것보다 낫겠지
거꾸로 매달려
헉헉,
그래그래,
천지개벽 되어라

매달려 있다고 천지개벽이 이뤄지냐?
지나가는 이들이 툭툭 내뱉는다
거꾸로 매달려 보고서야 알았다
바로 보는 것이 바르게 보고
바르게 생각하는 것만도 아니며
거꾸로 보는 것이 잘못 보고
잘못 생각하는 것만도 아니라는 것을
거꾸로 매달려 보고서야 알았다

제4부

사랑 그리고 이별

마지막 사랑

지팡이와 누구의 도움 없이는
집 안에서조차 한 발자국도
제대로 걸을 수 없는
퇴행성관절염의
할머니 소망

지금,
두 다리가 아프지 않고
멀쩡히
자유롭게 걸을 수 있다면
가장 가고 싶은 곳은
……
……
……
어머니 산소

오솔길을 걷고 싶어라

차라리 당신을 모른다고 말하리오
기다리라는 파편 같은 말 한마디로
내 마음 갈가리 찢어 놓고 떠나간 당신
내 맘에 하염없이 비만 내린다오
가장 슬픈 노래는
가장 애절한 약속
그렇게 쉽게 당신을 보낼 수 있었던 것은
가슴 깊이 사랑한 또 다른 사랑 때문이라오
세상 사람들 모두 작은 아픔 하나씩 안고 살아간다지만
세월이 변해도 퇴색하지 아니하고
오히려 짙어만 가는 그리움
상처로 돋아나는 것을 당신이 알리오
눈물샘이 마르도록
막연한 그리움 가슴 가득 사무쳐
온몸이 아파 오는 것을 당신이 알리오
함께한 시간보다 홀로 남겨진 시간이 더 많아도
그리움이 절망으로 변하지 않는다면

죽는 날까지 당신을 사랑하리오
그리워할 수 있는 모든 시간을
오직 당신을 불끈 잊어야겠노라 다짐할 때는
옆구리가 시리어 오솔길 걸으며
뜨거운 눈물 흐를 때라오

넝쿨장미

다음 생애는
등 돌려 살리라

머물지 않는 길손 바라보며
목마르게 부르는 뜨거운 목소리
끝내 차오른 목울음
모두 터트리라

사랑이 가슴속까지 파고들다
스스로 이기지 못해
온몸으로 올라온 가시
무성한 외로움이 깊어
혈관에 부리는 새파란 성질
까스라기처럼 까끌거리는 피부로 피어난 이파리
모두 우려내리라

디스크를 앓으면서도
감겨 오르는 푸른 욕심 줄기들

모두 잘라 내리라

다음 생애는
예고 없이 담벼락에 서성이는
바람의 연인으로
살지 않으리라

가로등

허우대 껑충한 홀아비

내 님은 언제 오시려나

앉지도 눕지도 못하고

울음을 삼키며

하염없이 기다리는

길쭉한 저 마음

오랜 세월 기다림의 무게를 견디기 힘들어

밤마다 얼굴 붉히며

종일토록 꺼추리하게 서 있는 저 홀아비

할머니의 한恨

가자, 가자 도로 가자
갈 곳이 없어
한숨으로 쥐여 보지만 그래도
죽지 않고 불쑥 올라와
바깥세상에 기댈 둥치 하나 없어
허공을 맴돌다가
아무도 보이지 않는
가슴속으로 우우 몰려드는 기운 속에서
다시 휘돌아가는 정기가
가슴의 뿌리 끝끝까지
하얗게 어리어 백설기처럼 덩어리져
한참이나 엉겨 있다가 녹아내려
어리고 어려서 고약마냥 엉기고
도려낼 수도 베어 낼 수도 없는
댓진보다 끈끈한 점액이
엉기고 엉기어 뒤엉킨 정기의 옹이로 박힌
차마 삭히지 못한 진액*

---

* 최명희, 『혼불』3 부분.

유레카Eureka*

가벼운 새 운동화 신고
사뿐한 걸음으로
교회 갔었는데
닳디닳고 헐디헐어
겨우 형체만 추스르고 있는
운동화 두고
누군가 새 운동화로
바꿔 신고 간 날

유레카!

이렇게까지 나달나달하게 해지고 부르트도록
끌고 다니는 사람도 있구나!
그런데 지난날 나는
유리 조각이나 돌멩이 한 번 부딪히거나
걷어찬 일도 없는데

---

* 무의식 작동으로 알았다는 발견한 기쁨의 소리.

신장이 비좁도록
구두를 맞춰 신었구나……

나는 졸지에 정체 모를
새로운 신발로
오늘 하루가 새롭다

보배로운 것

은밀히 금 간 도자기
콘솔 위에 찌붓하게
자리 보존 하다가
어느 날 파삭 부서졌다
부서진 해방
햇볕 아래 이슬처럼 반짝였다
그동안 쉽게 버리지 못한
미련
언제나 구속이었다
투항投降했다

사랑 · I

사랑은 무좀이다
가려운 곳 참다 참다
참기 어려워
문지르다 문지르다
끝내 손톱으로 빡빡 긁으면
하물하물 송글송글한 물집이 터지며
상처 나고 피 터진다

껍질이 째지는 아픔으로
절정이다

사랑 · II

사방 걸어 잠근
문틈 사이로
인연 하나 들어왔다

세상에 딱 한 번 오는 것이라고

가을무같이 디미는 절도
배추밭의 싱싱한 푸르름으로

밤을 덮었다
팽팽하게
겨울 마당 빨랫줄처럼

사랑 · Ⅲ

교과서를 빛나게 하는

사전과 참고문헌이라는

기대로 선불리 다가갔다가

오히려 끙끙거리며

고민해야 하는 고도의

문제 풀이 학습서다

최상의 선택

밥이 사람을 속이네
늦은 봄, 하루쯤 괜찮겠지
싱크대 위에 놓아둔 밥
밥이 밥일 때 밥이지
변질되면 이미 밥이 아니네
밥이 거꾸러져 분糞이 되어
역겨운 냄새를 풍기네
미련 없이 버리는 것이 최상의 선택이네

사랑이 사람을 속이네
진정한 충고, 이 정도는 괜찮겠지
안심하고 돌아온 날
사랑이 사랑일 때 사랑이지
변질되면 이미 사랑이 아니네
사랑이 거꾸러져 미움으로 토역吐逆되어
역겨운 냄새를 풍기네
미련 없이 버리는 것이 최상의 선택이네

보리 향기

30년 동고동락한 세월의 기쁨으로
2010년 5월 2일 촛불 밝힌
지리산 한화리조트
남편 최원태 님과 아내 김현숙 님은
철석같은 믿음과 사랑으로
부비며 쌓은 정
화목한 보금자리
금실거리는 여유로움으로
행복이 그득히 피어납니다

언 땅 뚫고 견디는
꿋꿋함과 의젓함으로 틔운
온화한 자비慈悲의 싹이 자라나
훈훈한 보리 숨결 같은 부부
청보리 물결치듯
시원함과 평화로움 사방에 충만합니다
은은한 보리 향기 넉넉히 익어 가는
금빛 보릿결 출렁출렁 눈부십니다

지우려고

팥알만큼 튀인 옷의 흙탕물
물과 세제를 묻혀 하얀 맘으로
그 크기의 열 배를 아니 전부를 빨아
각광처럼 속을 훤히 밝히는 햇살에 말린다
깨끗이 지우리라
두려움 없이 빨래에 눈길을 던진다
기대는 무너지고
희미한 얼룩으로 남아 있는 더러움
몇 번을 더 빨아야 깨끗해질 것인가
그 자국만큼만 단번에 세탁하려 한 것이
얼마나 빳빳한 오만이었던가
돌아봄 없었던 마음
단번에 쉽게 하려 했던 경솔함
지혜는 추락 한 발거리에서 웃고
풀 먹인 빳빳한 오만이
바람과 햇살에 바래지고 있다

오수午睡

사랑이다
하염없는 감미로움 깊게 빠져
나오고 싶지 않은

시간을 허비하지 말고
빨리 빠져나와
모든 사물과 친해지고 싶은

사랑 그리고 이별

사랑이 내릴 때는
산천을 뒤덮듯
전신을 포근히 뒤덮는 눈이요
독점 개봉 로드쇼road show요
어깨동무의 빙벽
떨어질 수 없는 쌍쌍바요

사랑이 떠날 때는
어느 프로도
다시는 상영하지 않는
폐업한 극장이요
한순간의 빙벽
한쪽만 남겨 놓은 쌍쌍바요

작품 해설

윤리적 실존의 형상화 방법으로서 시

양 왕 용

(시인 · 부산대 명예교수)

1.

박장희 시인의 시는 '시인의 말'에 제시된 문장처럼 "인간의 최대 목표는 행복이다"라는 명제를 실현하고 있다. 말하자면 인간이 행복하게 살려면 어떠해야 하는지에 관심이 많다. 따라서 삶에 대한 긍정적 태도로 충만하여 있으며, 모든 사물을 윤리적인 측면에서 바라볼 때가 많다. 이러한 태도를 키르케고르의 용어로 표현하면 '윤리적 실존'이라고 볼 수 있다. 키르케고르는 인간 실존의 3단계를 미적 실존, 윤리적 실존, 종교적 실존으로 보았다. 그리고 인간은 누구나 죽음에 이르는 병을 앓고 있으며, 그 병의 치유는 종교적 실존의 단계에서 유신론적 관점으로 신의 존재를 깨닫고 그를 통하여 죽음 이후의 세계를 발견하는 길이라 하고 있다. 따라서 박 시인은 미적 실존의 단계를 넘어서서 윤리적 실존의 단계에 이른 것이라고 볼 수 있다. 그의 이번 시집 『황금 주전자』 61편의 시는 윤리적 실존을 드러내는 방법과 경향에 따라 4부로 나누어져 있다. 물론 정치精緻하게 보면 동일한 경향이 서로 섞여 있는 작품들도 있지만 대체로 시적 형상화의 방법에 따라 나누어져 있다고 볼 수 있다. 그에 따른 작품들의 특색을 살펴보기로 한다.

2.

제1부 '공치기' 에서 가장 눈에 띄는 작품들은 윤리적 명제인 '명예' '교만' '진실' '허위' 등과 같은 관념들이 제목으로 직접 노출되어 있는 것들이다. 그 가운데 두 편을 살펴보기로 한다.

〈ㄱ〉
명예는 거울이다
말가니 반들반들하여 무엇이든
그 자리에 앉으면 미끄러질 것 같지만
가벼운 먼지가 제일 먼저
소리 소문 없이 뽀얗게 앉는다

호~오
입김만 불어도 흐려지고
손가락 하나만 까딱거려도 얼룩진다
그 얼룩 자칫 잘못 지우다가는
오히려 자국만 더 번져 갈 수도
조그마한 충격에 상처가 되기도
때론 파삭 부서지기도
언제나 조심조심
부지런히 닦고 간수를 잘 해야 한다

작은 거울은
손바닥으로 가리고
품속에 품기라도 하지만
제 몸보다 큰 거울은
무엇으로 가려야 하나?!

—「명예」 전문

〈ㄴ〉
모기 한 마리

몇 날 며칠 사자 콧등을 물고

도망가기를 수차례

화가 난 사자

모기 잡으려 온몸을 이리저리 허둥대다가

제풀에 몸이 달아 지쳐 쓰러져 죽었다

모기는

"내가 동물의 왕 사자를 이겼다!"

두 팔을 양껏 벌리고 만세 부르며

하늘 찌를 듯 날아가다가

그만 거미줄에 걸려 숨이 끊겼다

—「교만」 전문

〈ㄱ〉의 경우 '명예'를 거울이라는 사물에 비유하여 그 속성을 형상화하고 있다. 첫째 연에서는 명예는 조그마한 인격적 손상에도 훼손되기 쉽다는 점을 밝히고 있다. 거울은 표면이 미끄러워 수직으로 세워 두면 사물들이 앉기가 쉽지 않지만 반면 가벼운 먼지는 앉기가 쉬워 결국 거울 표면은 뽀얗게 된다. 이러한 속성을 가진 거울처럼 명예도 큰 잘못보다 사소한 실수나 인격적 결함을 이웃 사람들에게 드러내면 손상을 입게 되는 것이다. 둘째 연에서는 거울에 앉은 먼지나 얼룩을 잘못 지우면 그것들이 사라지지 않고 오히려 크게 번져 나가고 깨어지기 쉬운 것처럼, 조그만 잘못은 솔직하게 시인하고 언제나 조심스럽게 품위를 유지해야 한다는 점을 형상화하고 있다. 그리고 마지막 셋째 연에서는 명예의 아이러니컬한 점을 풍자적인 어조로 형상화하고 있다. 작은 거울은 보관하기 쉽지만 큰 거울은 보관하기 어려운 것처럼 큰 명예를 누릴수록 그것을 허물없이 유지하기 어려우니 조심하라는 교훈을 독자들에게 보여 주고 있다.

〈ㄴ〉의 경우 더욱 풍자적이며 시니컬한 어조를 가지고 있다. 모기가 사자의 콧등을 수차례 공격한다고 화가 나 죽을 리 없지만 죽었다는 것 자체는 대단히 우화적이다. 결국 자기 때문에 사자가 죽었다는 것을 알게 된 모기의 교만은 하늘 찌를 듯 극에 달하게 된다. 그리하여 비상하다가 나약하기 짝이 없는 거미줄에 걸려 죽게 되는 것이다. 이러한 시적 상황은 정말 웃지 않고는 못 배길 한 편의 격조 높은 코미디라고도 볼 수 있다.

그러나 이상의 두 편은 그 관념을 찾아내는 과정이 너무 쉬워 독자들이 자칫하면 서정시의 장점이자 본령인 애매성과 긴장감을 느끼지 못할 수도 있다. 즉 평면적이 되기 쉬운 약점을 가지고 있다. 반면 다음과 같은 작품은 이러한 단점을 많이 청산하고 있다.

걸레는 걸레다
걸레는 더러운 것이다
자신이 더러워지면서 그 주위가
깨끗할 수 있게
더러워지기를 기꺼이
주저하지 않아야 한다

자신의 깨끗함과 고고함이

주위를 깨끗하고 고고하게 만들지는 않는다
자신의 깨끗함과 고고함 자체가
주위의 더러움을 포용할 수 있어야 한다

걸레가 되는 것이 쉬운 일 같지만
결코 쉬운 일이 아니다
손아귀에서 크게 논다든지
고개 빳빳하게 치켜들고
수그리지 않는 걸레는
그 누구도 거들떠보지 않는다

—「걸레가 되고자」 전문

이 작품은 우선 청렴결백이나 양심이라는 것과는 거리가 먼 더럽고 혐오스러운 '걸레' 라는 사물을 시의 제재로 삼아 관념을 내포에 숨기고 있는 점이 예사롭지 않다. 첫째 연에서 형상화하고 있는 관념은 걸레에서 연상되는 일차적 관념인 부패나 비양심이 아니다. 그렇다고 이것들과 대립되는 청렴결백 혹은 양심도 아니다. 오히려 걸레 자신은 더러워지면서 주위를 깨끗하게 하는 희생정신이다. 이 작품에서 시인이 형상화하고자 하는 것은 헌신이나 봉사의 자세인 것이다. 우리 주위에는 봉사를 빙자하여 자기 자신들의 경제적 이익이나 정치적 목적을 달성하는 무리들이 많다. 이러한 자세들은 박 시인의 표현을 빌리면 "손아귀에서 크게 논다든지 고개를 치켜들고 수그리지 않는 걸레" 인 것이다. 이러한 무리들은 누구도 거들떠보지 않아야 한다. 그러나 많은 사람들이 그들의 실체를 잘못 파악하고 있다. 특히 현상이나 인물을 이성적으로 판단하기보다는 감정에 치우쳐서 판단하는 우리나라 사람들은 허위의식과 위선의 노예가 되기 쉬운 것이 엄연한 현실이다. 이러한 깊은 뜻을 내포하고 있는 것이 바로 이 작품이다. 뿐만 아니라 이 작품은 관념 자체를 제목으로 삼기보다 그것들을 형상화할 수 있는 사물, 즉 제재를 제목으로 내세우며 성공적인 서정시의 본질을 잘 드러내고 있다.

제2부 '차 달이는 마음'에는 사물 자체가 시의 제목으로 등장하는 작품이 많다. 그리고 유명 화가의 작품을 제재로 삼은 작품도 있다.

〈ㄱ〉
샹들리에

불빛 아래

모여드는

나비들의

한창

눈부신

속살

—「벚꽃」 전문

〈ㄴ〉
낱개 하나씩 포장하여
적당한 간격 유지로 상처 하나 없이
백화점에서 배달된 사과 상자
폼 좋고 매끄러운 피부를 가졌지만
실속 없이 몇 개 되지도 않고
이웃끼리 서먹서먹한 사이처럼 속이 희멀거니
입안에서 서걱거리는 백화점 사과

서로 몸과 맘을 아끼지 않아 살점이 맞닿아
자신도 모르게 상처를 주고받으며
산지에서 배달된 사과 상자
폼은 그저 그렇고 꺼칠한 피부를 가졌지만
이웃끼리 정이 담뿍한 알찬 사이처럼
속에 꿀이 박혀 입안에서 아삭거리는 산지 사과

가까우면 가까울수록 더욱 정다워지는 줄 알고
내 맘이 내 맘이고 네 맘이 내 맘인 줄 알고
서로 부딪쳐 번지며 깊어 가는 상처가 되는 줄 모르고
상대방이 상처를 주는 것이라 투덜거렸다
내게만 상처 나고 아픈 줄 알았지
네게도 상처 난 줄은 꿈에도 모르고
서로의 포장과 간격 유지 없이 이마 맞대고
살 비벼야 더욱 정답고 알찬 삶인 줄 알고

—「사과 상자」 전문

〈ㄱ〉의 경우는 그의 작품 가운데 관념의 노출이 비교적 적은 편에 속하는 작품이다. 벚꽃을 "샹들리에 불빛 아래 모여드는 나비들의 한창 눈부신 속살"이라고 비유한 보조 관념으로만 구성된 작품이다. 다만 식물을 곤충에 비유한 것이 특색이라면 특색이다. 이 작품은 원관념도 사물이라서 작품의 주제가 되는 추상적 의미는 드러나지 않는다. 다만 벚꽃의 순결한 아름다움을 형상화한 것이라고 볼 수 있다. 그러나 〈ㄴ〉의 경우는 〈ㄱ〉과는 전혀 다르다. 첫째 연과 둘째 연에서 사과 상자 속의 사과를, 잘 포장되어 배달된 백화점 사과와 사과 끼리 부딪치고 살점이 마주 닿아 상처 난 산지 직송 사과들로 대비하여 인식하고 있다. 모양도 좋고 크기도 큰 백화점 사과는 사람들의 삶의 현장으로 치면 고급 아파트에 사는 상류사회의 서로 인사도 나누지 않는 사람들을 비유한 것이며, 모양도 까칠하고 상처투성이면서 굵지도 않은 산지 직송 사과는 중산층 이하의 사람들이 크지 않고 오래된 아파트에 살면서 간혹 서로 다투기도 하지만 다정하게 인사를 나누면서 인정 스럽게 살아가는 모습을 비유한 것이다.

다음 작품은 박수근 화백의 작품 〈빨래터〉를 시적 제재로 하고 있다

> 색깔 있는 무명옷이든 아니든
> 양말이든 속옷이든 겉옷이든
> 시부모 · 시동생 · 시누이
> 남편 · 아들 · 딸 할 것 없이
> 빨랫감은 한통속이다

~로부터의 자유
한통속의 사랑과 미움 설움
하나씩 꺼내어
빨랫돌에 얹어 놓고
두들기는 방망이에
엉켜 있던 시집살이 갖은 사연
계층도 무늬도 색깔도 선線도 없이
비누거품처럼 몸을 풀어
냇물 따라 흘러간다

손발이 시리고 팔다리 저리며
허리가 아파도
미운 마음 설운 마음
푸는 마음 삭이는 마음
빨래 따라 들썩들썩 엉덩이 따라 들썩들썩
왔다리 갔다리
결국은 제자리 다잡은 시집살이

—「빨래하는 여인들」 전문

이 작품은 작품 말미에 각주를 달아 그림의 모습을 대강 설명하고 있듯이 유화로 20호(37×72cm) 크기에, 가로로 긴 화폭에 흰색, 분홍, 노랑, 민트색 등 다채로운 색상의 저고리를 입은 6명의 여인네들이 냇가에서 빨래하는 모습을 담고 있다. 따라서 작품 속 여인들이 시집살이나, 가족이나, 가정의 크고 작은 사건들을 화제로 이야기를 나누고 있다는 연상이 가능한 작품이다. 그러나 박 시인은 다양한 이야기보다 시집살이의 어려움에 집중하고 있다. 말하자면 박 화백의 그림을 보고 우리나라 여인네들의 보편적인 시집살이의 사연들을 토로하고 있다. 그런데 그 사연들을 고통과 서러움으로만 인식하는 것이 아니라는 데서 이 작품의 시적 성과를 찾을 수 있다. 즉 마지막 셋째 연에서 여인들의 빨래하는 동작을 리드미컬하면서도 웃음을 자아내게 하는 장면을 제시함으로써 고통과 서러움을 극복하고 있다.

박 시인의 삶에 대한 건전한 태도는 이상과 같이 제2부에서는 사물을 윤리적 실존으로 인식하는 데서 잘 드러나고 있다.

제3부 '잠자는 연' 에는 주로 국내외 여행에서 만난 사물들에 대한 인식을 형상화한 작품들이 많다. 이 작품들 역시 미적 실존보다 윤리적 실존으로 인식하여 결과적으로 삶에 대한 교훈들이 들어 있다. 종교적 실존에 가까운 것이 보이는 작품들이 있다는 점이 앞의 제1, 2부와는 다른 점이다.

〈ㄱ〉
비 오는 날
누웠다 일어났다 누웠다 일어났다를
수없이 반복하다 어떻게 광명의 새 세상 찾을까
고민하는 동해의 수만 마리 물고기
궁리궁리 끝에 비로소
부처님 제자 되고자
절[寺]로 갔다네
서로 먼저 미륵불 뵈러 진입하고자 몸싸움하는데
어느새 비가 그쳐

산비탈 뱀처럼 이리저리 뒹굴다가
절로 튀어 오르지도
바다로 다시 툼벙 뛰어들지도 못해
그만 그 자리에 멈추어 버렸다네

수행에 게으른 물고기
아직도 억겁의 번뇌로
탐진치探瞋癡를 빠져나오지 못해
아무리 돌무덤 여기저기를 두들겨도 둔탁한 소리
두 눈 맑게 내리깔고
오랜 세월 참선한 물고기
당당한 잘못 불현듯 깨달아
누가 어디를 두들겨도
억겁의 무명無明이 삭아진
청아한 맑은 소리

—「만어사 돌너덜」 전문

〈ㄴ〉

하늘에서 땅으로 끌어내린
소크라테스 철학이
"너 자신을 알라" 고
영겁을 넘나들어
지중해를 건너 동방의 나라
나에게까지 왔건만
아직도 나 자신을 제대로 몰라

아테네의 수호신에게
신이 내리실 벌이 있으시다면

하루빨리 고통을 주시옵고
그대가 내뿜는 중정의 균형미로
지혜와 자비로움
내 속에서도 뿜어 나와
올리브 열매처럼
인간에게 유용한 기름이 되게 해달라고

—「파르테논 신전 앞에서」 전문

〈ㄱ〉의 경우 소재 탓이기는 하겠지만, 불교적 상상력에 따라 시를 형상화하고 있다. 경남 밀양시 삼랑진읍에 있는 만어사 돌너덜은 현장에 가서 본 적이 있는 사람들은 알겠지만 물고기 모양의 크고 작은 돌덩이들이 널려 있는 비탈이다. 이 모양에 따라 산 이름은 만어산이요, 그 산기슭의 절 이름도 만어사이다. 그런데 더욱 신비로운 것은 돌덩이를 두드리면 대부분의 돌에서 은은한 종소리가 난다는 점이다. 이러한 만어사의 돌너덜을 구경한 소감을 시로 형상화한 것이 바로 이 작품이다. 만어사의 연기 전설도 이 돌너덜과 관계가 있는데, 돌덩이 가운데는 놓인 위치에 따라 간혹 둔탁한 소리를 내는 것도 있다. 이 점을 박 시인은 놓치지 않고 있다. 즉 둔탁한 소리를 내는 돌덩이는 수행에 게으른 물고기에, 은은한 소리를 내는 돌덩이는 오랜 세월 제대로 참선한 물고기에 비유한 것이 재미있는 발상이다. 따라서 이 작품은 윤리적 실존에 의한 인식의 결과물이라고 보기보다 종교 즉 불교적 실존에 가깝다.

〈ㄴ〉의 경우는 그리스의 아테네 '파르테논 신전' 이 작품의 제재가 되고 있다. 그런데 박 시인의 관심은 신전의 웅장하고 아름다운 모습이 아니라, 그 신전 앞에서 그리스 철학자 소크라테스가 인류에게 던진 영원한 명제인 "너 자신을 알라"라는 것에 대하여 사유하면서 자아를 탐구 하고 있다. 이어서 둘째 연에서는 파르테논 신전에서 모시던 아테네 여신에게 자기 자신의 인격적 수양을 간구하고 있다. 지혜와 자비로움으로 시적 화자, 즉 박 시인 자신이 올리브 열매의 기름처럼 인간에게 유용한 존재가 되게 해달라고 구체적으로 기원하고 있다. 이렇게 박 시인은 국내외 명승지 여행에서도 그곳에 얽힌 사연들을 윤리적 실존으로 인식하여 자기 수양을 소망하고 있다.

제3부에는 이 시집의 제목이기도 한 주점에서 사용하는 주전자를 제재로 한 연작시「황금 주전자」Ⅰ, Ⅱ가 있다. 그 가운데 한 편을 살펴보기로 한다.

속 비우고
엎어져
거꾸로 매달리길
잘했다 잘했어

닫혔다 열렸다 할 일 없고
이리저리 돌리고 돌 일 없고
더 이상 쭈그러질 일 없고
출렁출렁 쏟아질 일 없고
이 손 저 손 손때 묻을 일 없고

더 이상 담아 놓고 혼자 속 끓일 일 없고

할 일은 오직
이것저것 모두 다 잊고
어제도 오늘도 내일도
모두모두 쏟아 내고
비우고 엎어져
거꾸로 매달리는 것이었다

그때
오늘과 내일이 손잡고
비운 속으로 미래의 충만이
우우 차오르는 것이었다

—「황금 주전자 · Ⅰ」 전문

이 작품에서 주점 그것도 막걸리를 주로 파는 서민들이 애용하는 주점의 주전자를 '황금 주전자' 로 명명한 것은 다분히 역설적 표현이다. 주전자도 재질과 용도에 따라 여러 종류가 있을 수 있다. 고급 일식집의 주전자는 주로 정종을 채우는 것으로 스테인리스로 만들어 은빛을 뽐내는 것도 있고 도자기로 만든 것도 있다. 만약에 일식집에서 황금빛으로 빛나는 주전자라면 대단히 고급스럽게 금도금 된 것일 수도 있다. 우선 제목에서 연상되는 것은 고급스럽고 귀족적인 주전자이다. 그러나 둘째 연의 문맥적 의미만 파악하여 보면 그 연상이 빗나간 것을 당장 알게 될 것이다. 그 주전자는 앞에서 지적한 대로 주점 그것도 선술집에서 막걸리를 담아 손님들 사이를 오가면서 쭈그러질 수도 있는 얇고 가벼운 재질의 금속에다 금빛 도금을 한 주전자다. 이런 점에서 일차적으로 역설적 효과를 거두고 있다. 그런데 이 작품에서 전개되는 시적 상황은 이러한 주전자가 아니라 첫째 연에서처럼 사용되다가 속을 비우고 술집 주방이나 가게 천장에 거꾸로 매달리게 된 주전자가 인식의 대상이 되고 있다. 말하자면 술 주전자로서 비록 서민의 호주머니에서 나온 돈들이지만 가게 주인에게 돈을 벌게 해 주는 주전자가 아니라 그러한 삶의 현장에서 비켜나 있는 주전자인 것이다. 둘째 연에서는 그동안 주전자가 겪어 온 삶의 현장을 열거하면서 그러한 현장에서 비켜나 있음을 구체적으로 언급하고 있다. 즉 여닫거나, 돌려지거나, 더 이상 쭈그러지거나, 술이 쏟아지거나, 손때 묻히거나 할 필요가 전혀 없는 것이다. 그리고 거꾸로 매달려 있다는 것이 단순하게 주전자에게만 미치는 의미 영역이 될 수 없다는 징후가 둘째 연의 마지막 행 "더 이상 담아놓고 혼자 속 끓일 일 없고"에서 넌지시 암시되다가, 셋째 연에서 버림의 미학으로 우리의 삶에 비유된다. 시간도 버리고, 세속에서의 성공이나 명예, 물질과 같은 헛된 욕망에서 해방되는 삶이 진정한 삶인 것이다.

비록 삶의 연조나 시단 연조가 짧지만 박 시인의 이 작품 하나만 보아도 그가 여유롭고 달관한 태도를 가지고 있음을 알 수 있다. 뿐만 아니라 이 여유로운 태도가 현실도피나 허무의식에서 비롯된 것이 아니라 비움에서 오히려 미래에 대한 낙관적 전망이나 충만함이 비롯된다는 것을 마지막 넷째 연에서 확실히 보여 주고 있다. 아마 이러한 여유로움은 그가 가지고 있는 신앙, 즉 불교적 태도와 상상력의 소산이라 생각된다.

제4부 '사랑 그리고 이별'은 모든 문학 장르의 영원한 주제인 '사랑 시편'들로 구성되어 있다. 그 가운데 비교적 짧으면서도 사랑에 대한 개성 있는 비유들이 보이는 몇 편을 살펴보기로 한다.

〈ㄱ〉
사랑은 무좀이다
가려운 곳 참다 참다
참기 어려워
문지르다 문지르다
끝내 손톱으로 빡빡 긁으면
하물하물 송골송골한 물집이 터지며
상처 나고 피 터진다

껍질이 째지는 아픔으로
절정이다

—「사랑 · I」 전문

〈ㄴ〉
사방 걸어 잠근
문틈 사이로
인연 하나 들어왔다

세상에 딱 한 번 오는 것이라고

가을무같이 디미는 절도
배추밭의 싱싱한 푸르름으로

밤을 덮었다
팽팽하게
겨울 마당 빨랫줄처럼

—「사랑 · II」 전문

〈ㄷ〉
교과서를 빛나게 하는

사전과 참고문헌이라는

기대로 선불리 다가갔다가

오히려 끙끙거리며

고민해야 하는 고도의

문제 풀이 학습서다

—「사랑 · III」 전문

〈ㄱ〉의 경우 '사랑'을 무좀에 비유하여 사랑의 간절함과 그로 인한 고통을 형상화하고 있으며, 〈ㄴ〉은 인생에서 딱 한번 찾아오는 사랑의 기쁨을 다소 물질적 감각으로 형상화하고 있다. 이럴 경우 자칫하면 관능적으로 느껴질 수 있으나 등장하는 식물, 즉 '가을무' '배추밭' 그리고 '겨울 마당 빨랫줄' 같은 보조 관념의 지고지순함과 차가움으로 형이상학적 깊이를 획득하고 있다. 〈ㄷ〉은 사랑의 난해한 측면을 다소 현학적 비유로 형상화하고 있다. 그러나 사랑은 아름답지만은 않은 것이다. 만약에 그 사랑이 이루어지지 않고 깨어질 때는 커다란 고통이 따르는 것이다. 사랑의 시작은 감격적이지만 이별은 쓸쓸하고 살벌하기까지 한 것이다. 이러한 사랑의 시작과 끝을 노래한 시가 바로 다음 작품이다.

사랑이 내릴 때는
산천을 뒤덮듯
전신을 포근히 뒤덮는 눈이요
독점 개봉 로드쇼road show요
어깨동무의 빙벽
떨어질 수 없는 쌍쌍바요

사랑이 떠날 때는
어느 프로도
다시는 상영하지 않는
폐업한 극장이요
한순간의 빙벽
한쪽만 남겨 놓은 쌍쌍바요

—「사랑 그리고 이별」 전문

3.

지금까지 살펴본 바와 같이 박 시인은 올바르고 정직한 삶을 주로 노래하고 있다. 따라서 제 1, 2, 3부에서는 그의 시적인 기법이나 시어를 선택하는 솜씨나 비유적 기법이 두드러지게 드러나지는 않는다. 따라서 박 시인은 기법의 시인이라기보다 윤리적이고 관념적인 의지의 시인이라고 볼 수 있다. 그러나 제4부 '사랑 시편' 을 보면 비유를 구사하는 능력 또한 예사롭지 않다는 것을 짐작할 수 있다. 앞으로 박 시인은 제1, 2, 3부의 윤리적 실존보다 더욱더 심층적이고 복잡다단한 삶의 양상을 제4부에서처럼 비유적 기법을 구사하면서 감정을 직접적으로 노출하기보다 적절히 조절하면 더욱더 훌륭한 작품을 쓸 수 있을 것이다. 그리고 그 작품들에 그가 가지고 있는 신앙인 불교적 상상력이 좀 더 정치精緻하게 구사된다면 그의 시세계는 윤리적 실존을 넘어 종교적 실존에 이르게 되고 그것이 충분히 형이상학적 가치를 획득하게 될 것이다. 박 시인은 아직 젊고 살아갈 날 또한 많기 때문에 해설자의 이러한 기대를 저버리지 않을 것이다.

시인 박장희/ 朴長熙

1956년 경북 군위 의흥 출생
울산대학교 대학원 국어국문학전공 문학 석사
한국방송통신대학교 국어국문학과 졸업
문수학당 5년 한문 수학
1999년 『문예사조』신인상으로 등단
한국은행 대구지점 4년 근무
국제펜클럽 한국본부 회원, 한국문협 · 울산문협 · 울산시협 · 수요시 포럼 회원,
울산시인협회 부회장으로 활동하고 있음
2008년 울산문인협회에서 수여하는 올해의 작품상 수상
2010년 한국문화예술위원회 및 울산광역시 문예진흥기금 선정
시집으로『폭포에는 신화가 있네』외 다수의 공저가 있음

E-mail: change900@hanmail.net
cp: 011-879-3487

황금 주전자

지은이 | 박장희
펴낸이 | 설보혜
펴낸곳 | Poetics 시학
1판1쇄 | 2010년 8월 20일
출판등록 | 2003년 4월 3일
주소 | 서울 종로구 명륜동1가 42
전화 | 744-0110
FAX | 3672-2674

값 8,000원

ISBN 978-89-91914-97-1 03810

* 이 책은 울산광역시 및 한국문화예술위원회의 문예진흥기금을 보조받아 발간되었습니다.